AF234112

MÉMOIRE

POUR

M. LANDON, Peintre,

Auteur et Editeur du Journal intitulé : *Annales du Musée et de l'École moderne des Beaux-Arts;*

CONTRE

M. PIERRE DIDOT l'aîné, Imprimeur-Libraire.

COUR IMPÉRIALE.

Chambre de police correctionnelle, audience du 23 mai 1812.

MESSIEURS Landon et Didot se sont également rendus appelans du jugement du tribunal de 1.re instance, intervenu dans le procès aujourd'hui soumis à la Cour.

Lequel de ces deux appels semble d'abord se présenter sous de plus favorables auspices? Qu'est-ce que M. Didot a demandé aux premiers juges? de l'argent. Que demande-t-il encore au tribunal suprême? plus d'argent.

Que demande M. Landon? son honneur.

Les magistrats suprêmes doivent éprouver le besoin, comme ils en ont le droit, d'interroger en quelque sorte les parties sur les motifs de l'appel qu'elles interjettent ; il semble qu'il soit nécessaire d'en offrir l'apologie, tant le mérite de finir les procès doit être le premier après celui de les éviter! Et s'il en est ainsi dans toutes les causes, combien cette tentative n'est-elle pas plus impérieusement commandée, quand il s'agit d'un procès en police correctionnelle, où l'on voit s'attaquer et se défendre deux hommes qui n'avoient jamais eu, et ne devoient jamais avoir que des rapports d'égards, d'estime et d'obligeance ; que tout devoit ou empêcher de se diviser jamais, ou si promptement réunir après leurs premiers débats ; tout, les goûts, les habitudes, les travaux, les succès? Ainsi, la première pensée de ceux qui les défendent, et nous le savons, le premier conseil de ceux qui les jugent, a été la conciliation.

Les faits de la cause prouveront si M. Landon, qui n'a rien fait pour attirer

A

l'attaque, a rien négligé pour désarmer son adversaire ; s'il pouvoit, à moins de se reconnoître coupable d'un délit dont il n'a jamais pu avoir l'idée, montrer des intentions plus pacifiques, faire des offres plus conciliantes, et mieux mériter enfin de demander à ses juges et à ses lecteurs, s'il est un seul d'entre eux qui eût pu, en des circonstances pareilles, ne pas solliciter de la première Cour souveraine de l'Empire, le redressement d'une sentence qui blesse son honneur, et que celui qu'il combat, ou plutôt contre lequel il se défend, vouloit toujours aussi dénoncer aux magistrats suprêmes, par cela seul qu'elle blesse ses intérêts, c'est-à-dire, par cela seul, qu'elle ne satisfait pas complétement son avidité ?

Ce mot est dur, et c'est le plus dur qui sortira de la bouche de M. Landon ; mais il ose encore demander comment il pourroit concilier ces égards dont il a l'habitude et le besoin, avec la nécessité d'exprimer ce qui caractérise la conduite de M. Didot envers lui ? M. Didot l'appelle *contrefacteur*, *plagiaire*, *spoliateur*, et demande qu'il soit condamné à lui payer 5o.ooo fr. pour avoir donné *le trait* de quatre-vingt-deux dessins de M. Didot, de dix avec son aveu formel, de soixante-douze avec son aveu tacite, présumé et bien vraisemblable, au milieu d'un ouvrage qui renferme deux mille planches du même genre, c'est-à-dire, pour avoir fait ce que le titre des *Annales* annonce depuis dix ans à la tête de chaque volume, ce que presque tous les artistes le voient faire avec plaisir, lui demandent souvent avec instance, et dont ils le remercient sans cesse avec les expressions de la satisfaction et de la reconnoissance ? Est-ce là ce que M. Landon devoit attendre et de ses propres procédés et des nombreux hommages qu'il s'est plu à rendre à MM. Didot dans ce même ouvrage si étrangement calomnié ? Est ce là même ce qu'on pouvoit craindre d'un homme qui a encore ajouté à l'honneur d'un nom déjà si recommandable et si justement célèbre, par tous les droits et tous les titres que donne la double gloire des talens et des arts ?

FAITS.

M. Landon a fait paroître, pour la première fois vers l'an 1800, un ouvrage périodique, dont le titre, réimprimé en tête de chaque volume, donne une idée juste, exacte et complète, le voici :

« *Annales du Musée et de l'Ecole moderne des Beaux-Arts*, Recueil
« de gravures au trait, contenant la collection complète des peintures et sculp-
« tures du Musée Napoléon et de celui de Versailles ; les objets les plus cu-
« rieux du Musée des monumens français, les principales productions des
« artistes vivans, en peinture, sculpture et architecture, édifices publics, etc.
« avec des notices historiques et critiques. »

On peut déjà remarquer que, d'après ce titre dont M. Landon a fidèlement rempli les promesses, tous les artistes, selon le nouveau système de M. Didot, étoient menacés d'être contrefaits, et c'est au moins la première fois qu'un contrefacteur s'est annoncé sur le frontispice, et dans le prospectus d'un ouvrage.

(5)

Dans le fait, et dans la vérité, M. Landon promettoit au public un véritable Journal des Arts destiné à l'annonce et à l'extrait des nouvelles productions des artistes, comme tous les journaux font connoître les ouvrages littéraires.

Mais il étoit impossible, avec le texte seul, de donner l'idée exacte des morceaux de sculpture, de peinture et de gravure qu'on vouloit faire connoître. Aussi l'auteur annonce qu'il joindra à ses descriptions des gravures *au trait*.

Il étoit, et on verra qu'il est encore universellement reconnu que la gravure *au trait* est précisément pour les arts, ce qu'est l'*extrait* pour les productions littéraires.

Ces espèces d'*Annales quotidiennes des Arts* avoient manqué jusqu'alors; l'idée heureuse de M. Landon devoit avoir du succès. Elle en eut en effet beaucoup. Son *Journal* réussit autant que pouvoit réussir un Recueil périodique qui n'avoit d'intérêt que pour les artistes et les amateurs; il reçut bientôt tous les encouragemens qu'il pouvoit espérer; les artistes lui envoyèrent leurs productions avec autant d'empressement que les auteurs mettent de prix et d'importance à être annoncés dans les autres journaux; il trouvoit même dans la nature de son travail, et dans son caractère, la garantie d'un succès sans contestation et sans mélange. Ne voulant qu'indiquer, que rendre compte, sa critique purement historique et descriptive, n'étoit jamais une censure; aussi ne recueilloit-il que des témoignagnes d'estime et de reconnoissance.

Il ne pouvoit pas plus arriver à un amateur quelconque de se contenter d'un *trait* des *Annales* de M. Landon, à la place de la belle gravure, dont il offroit le squelette, qu'il n'est arrivé à un ami de la belle prose ou des beaux vers, de croire qu'il auroit *Atala*, ou le Poème de *la Conversation*, en conservant soigneusement le meilleur, le plus juste, le plus spirituel des articles d'un journal consacré à ces charmans ouvrages; les artistes ne pouvoient donc que savoir gré à l'annaliste fidèle qui montroit, pour ainsi dire, qui découvroit, qui révéloit aux amateurs les nouvelles productions de leur pinceau, de leur ciseau ou de leur burin, et qui inspiroit le besoin de les acheter, et le désir de les *connoître*; car encore un coup, M. Landon ne vouloit et ne pouvoit que les indiquer.

Il semble en effet que, sans avoir le bonheur d'être très-sensible aux charmes des beaux-arts, pour peu qu'on sache, et surtout qu'on sente ce qui fait le mérite d'un tableau, d'un dessin, d'une estampe, on ne puisse voir ces *traits* de M. Landon, toujours accompagnés d'une notice qui aide les regards, et achève pour une imagination un peu active, l'idée, et par conséquent, le désir de cette œuvre quelconque du talent si soigneusement, et cependant si imparfaitement indiquée, sans qu'on éprouve le besoin d'avoir vivant ce qui est pour ainsi dire mort, éteint, inanimé; sans qu'on souhaite que l'âme des teintes, des couleurs, de la lumière, la vie des formes, des contours; qu'enfin tout le prestige de cette création qu'on appelle le talent, vienne souffler sur ces ossemens; faire un corps de ce squelette, des membres de ces lignes, une figure de ces traces; et plus le *trait* est fidèle, mieux les paroles qui l'accompagnent indiquent tout ce qui lui manque; plus aussi le désir des connoisseurs averti et jamais satisfait;

éprouve la privation, tant qu'il n'a sous les yeux que cette froide esquisse au lieu de la production vivante, animée, qu'on promet, et qu'on ne donne. pas.

Le *Journal* de M. Landon qui rendoit un si grand service aux arts eut donc beaucoup de succès.

Les autres journalistes se permettent bien quelquefois de faire des extraits d'*office* sans que les auteurs le demandent, et si ce ne sont pas les articles qui amusent le plus ces derniers, ce ne sont pas ceux qui plaisent le moins aux lecteurs.

M. Landon, qui ne vouloit jamais critiquer ou du moins censurer, et bien moins encore nuire, pouvoit certainement donner le *trait* des nouvelles productions des arts sans l'autorisation des auteurs qui, tous d'ailleurs, le lui demandoient, ou l'accordoient avec plaisir, et l'en remercioient.

M. Landon crut que le nom de M. Didot, l'estime qu'il inspire, la manière même distinguée dont il vouloit en parler dans ses *Annales,* demandoient des procédés et une politesse particulière.

M. Landon avoit eu occasion de voir en 1800 ou 1801, chez M. Girodet, les gravures des dessins que ce peintre célèbre avoit composés pour le Virgile de M. Didot.

En 1804, il voulut en donner le trait dans les *Annales du Musée.*

Supposant, avec raison, à M. Girodet des relations intimes avec M. P. Didot, il lui écrivit pour le prier de communiquer son projet à ce dernier. M. Landon reçut de M. Girodet la lettre suivante, en date du 10 février 1804.

MON CHER CAMARADE,

« C'est avec plaisir que j'acquiesce à la demande que vous me faites de faire
« dessiner mon tableau d'Hippocrate ; quant aux figures peintes pour le roi
« d'Espagne, je n'en ai conservé que des ébauches encore bien imparfaites, et
« dans lesquelles j'ai indiqué quelques changemens non encore exécutés. Ce-
« pendant j'en ferai faire des traits sous mes yeux par mes élèves, et je les re-
« toucherai ; et, s'ils peuvent vous être agréables, je serai charmé de vous
« les offrir.

« Je n'ai point, dans ce moment-ci, de composition arrêtée, et par consé-
« quent digne de voir le jour ; mais j'écris de suite à M. Didot, pour lui trans-
« mettre votre désir, et j'y joins mes prières : je me flatte qu'elles ne seront
« point refusées ; et lorsque j'aurai sa réponse, je m'empresserai de vous en
« faire part. Je serai toujours charmé, mon cher camarade, de trouver l'occa-
« sion de vous être agréable ; croyez, je vous prie, que je ne cesserai d'être. »

Votre dévoué serviteur,

Signé A. L. GIRODET.

Dix-huit jours après la réception de cette première lettre, M. Landon en eut une seconde, datée du 28 février 1804.

« J'ai vu M. Didot, mon cher camarade, et il acquiesce avec plaisir à la de-
« mande que je lui ai faite, en votre nom et au mien, de permettre la publi-
« cation des gravures au trait, d'après mes compositions du Virgile et du Ra-
« cine. (1) C'est avec satisfaction que je vous annonce quelque chose qui vous
« est agréable, et qui me flatte moi-même beaucoup.

« Agréez, mon cher camarade, l'expression de ma parfaite estime et de mon
« sincère dévouement. »

On doit observer que M. P. Didot avoit d'abord nié et sans doute oublié l'existence de ces deux lettres, conservées par hasard et produites, comme on le verra, dans un moment où il y avoit lieu de croire qu'elles termineroient à sa naissance même cet étrange et fatal procès.

Deux ans se passèrent sans que M. Landon songeât à faire graver un trait d'après ces mêmes dessins.

En 1806, M. Landon se trouvant chez M. F. Didot, vit entre ses mains les dessins originaux de M. Girodet pour le Racine, et en même temps ceux de MM. Prud'hon, Moitte, Chaudet, Peyron, Serangeli, composés pour le même ouvrage. M. Landon dit à M. F. Didot qu'il avoit eu l'intention d'en publier un trait, et qu'il en avoit obtenu l'autorisation de M. P. Didot, depuis deux ans.

M. F. Didot offrit à M. Landon la communication de ces dessins ori-
ginaux pour faciliter son travail; M. Landon les refusa dans la crainte que ces beaux dessins en feuilles détachées n'éprouvassent quelque dommage; mais on voit si M. F. Didot en redoutoit la contrefaçon.

M. Landon apprit alors de M. F. Didot que son frère vendoit séparé-
ment les gravures de ces éditions; il conçut aussitôt le projet de se les procurer par échange, et de prévenir en même temps M. P. Didot qu'il désiroit joindre *aux traits* des dessins de M. Girodet ceux des compositions des autres artistes qui avoient enrichi ses belles éditions.

M. Landon vouloit ainsi tout à la fois remplir le but de ses Annales et ne pas négliger de rendre au talent de MM. Gérard, Prud'hon, etc., les mêmes hommages qu'il avoit été heureux d'offrir à M. Girodet.

____

(1) Il est bon de remarquer que M. Landon a toujours présenté ces *traits* comme étant d'après les dessins de MM. Girodet, Gérard et autres, et non d'après les estampes de M. Didot; qu'il n'a employé ces estampes que comme moyens auxiliaires et pour ne pas endommager les dessins originaux qui lui avoient été offerts par M. Firmin Didot. Ces traits ne sont pas plus la gravure des dessins en question, que la copie, que la reproduction des estampes terminées des éditions de M. P. Didot.

Il écrivit donc à M. P. Didot, et lui demanda s'il lui conviendroit de lui fournir les planches de ses grandes éditions, mais séparées du texte, et de prendre en échange quelques-uns des ouvrages de M. Landon, tels que les *Annales du Musée*, la collection des Œuvres des Peintres-anciens, la description de Paris, et autres.

M. Landon se souvient parfaitement qu'il disoit en même temps à M. P. Didot, que lui ayant permis de faire *un trait* d'après les dessins de M. Girodet, sans doute il n'auroit pas de motif pour refuser son consentement à l'insertion des autres.

M. Landon reçut en réponse une lettre signée Rigault p^r. Didot, et telle qu'il pouvoit la désirer. On acceptoit la proposition d'échange ; on consentoit à la demande. On ne peut s'empêcher de s'arrêter ici.... Si cette lettre s'étoit retrouvée, il n'y auroit pas de procès.

M. Landon l'atteste ; M. P. Didot la nie : en toute autre circonstance ils seroient également croyables. Ici n'y a-t-il pas un fait important en faveur de la mémoire de M. Landon ?

Les juges, les lecteurs l'apprécieront.

M. Didot nie cette nouvelle lettre qui est perdue. Il nioit également les deux premières qui se sont retrouvées. Ne sembleroit-il pas que, dans ce procès seulement, ce n'est pas lui qui se souvient le mieux ?

Voyons combien de faits prouvés viendront concourir pour faire présumer cet autre fait si vraisemblable. (La lettre de M. Rigault.)

M. Landon avoit depuis trois ans (1804), l'autorisation de M. P. Didot, pour les dessins de M. Girodet.

Ce n'est qu'en 1807 que les *Annales du Musée* ont donné, pour la première fois, l'esquisse au trait d'un des dessins appartenant à M. P. Didot.

Et quel est ce premier dessin dont M. Landon donne le trait dans ses *Annales ?*

Est-ce un de ceux de M. Girodet ? Non : c'en est un de M. Gérard.... Et M. Landon publie ce trait en 1807 ; et la lettre perdue étoit de 1806, ce qui est constaté par la facture de l'échange. M. Landon n'usant pas de l'autorisation pour les dessins de M. Girodet, a-t-il imprimé le trait de ceux de M. Gérard sans autorisation ? Là lettre a-t-elle existé ? la vraisemblance a-t-elle jamais été, pour ainsi dire, mieux démontrée ?........ Magistrats, lecteurs, prononcez !......

Et quel étoit enfin le sujet de ce dessin de M. Gérard ?

Ouvrez le tom. 14, pag. 95 des *Annales du Musée,* planche 45. (Mélibée, Corydon, Thyrsis.)

« Ce dessin est un de ceux que M. Gérard a composés pour les magnifiques « éditions dues aux presses de M. P. Didot l'aîné, et aux caractères de « M. F. Didot son frère. Ces célèbres imprimeurs ont publié avec une « perfection rare, et un luxe particulier, les Œuvres de Virgile et d'Horace, « celles de Racine, de La Fontaine, de Bernard, etc. Ils les ont ornées de « plus de cent planches en taille-douce, d'après les dessins de MM. Girodet, « Gérard, Moitte, Chaudet, Percier, Prud'hon et Serangeli. L'exécution de

(7)

« la gravure est très-soignée, et répond à la beauté de l'impression. MM. Di-
« dot se sont prêtés au désir que nous avions depuis long-temps de publier ces
« compositions, dont ils conservent précieusement les originaux. Nous en
« extrairons les pièces les plus capitales, et cette suite ne sera pas la partie la
« moins intéressante de notre collection.

Voilà le coup d'essai du *plagiaire*, du *contrefacteur*, du *spoliateur*.

Tous ceux qui apprécient ce qu'il y a de plus noble dans les procédés, **de
plus fin**, de plus délicat dans les soins de l'estime, dans les expressions de la
louange, auront bien vite deviné quel motif avoit fait préférer cette gravure à
M. Landon; il avoit trouvé que ce choix venoit, pour ainsi dire, au-devant de
tous ses vœux, et lui permettoit tout ensemble de célébrer le crayon de
M. Gérard, les presses de M. Didot, la poésie de son frère ; de confondre,
dans un seul hommage, tous ces talens divers et toute la gloire d'une famille
si chère aux arts.

M. Landon avoue son imprévoyance et sa sécurité dans les jours qui sui-
virent la publication du tome quatorzième des *Annales* : il ne craignoit pas
de voir M. P. Didot descendre chez lui, escorté par des huissiers, pour saisir
l'ouvrage où il ne pouvoit se plaindre que des lignes qu'on vient de lire.

Cette démarche ne fut cependant que différée. Voici les nouveaux torts de
M. Landon, qui en sont sans doute devenus le motif.

« Ce charmant dessin (Psyché aband. t. 16, p. 33.) de M. Gérard, a été composé
« pour la grande édition de Psyché, publiée par MM. Didot. Ce bel ouvrage
« ne se trouve que dans un petit nombre de bibliothèques ; nous croyons faire
« plaisir à nos lecteurs en leur offrant le trait des planches qui y sont insérées,
« et que les éditeurs ont bien voulu mettre à notre disposition. Les dessins
« originaux, composés par des artistes modernes du premier rang, MM. Gé-
« rard, Girodet, Taunay, Moitte, Chaudet, etc., forment une partie inté-
« ressante des productions de notre école. »

Tome 16, page 70, à la fin de la description de Britannicus aux pieds de
Junie.

« Au talent de produire de beaux ouvrages en sculpture, M. Chaudet joint
« celui de composer des dessins agréables et du meilleur style. Tous ceux de la
« tragédie de *Britannicus*, édition de Didot, sont de sa main. »

Tome 16, page 86. (Daphnis prenant des oiseaux à la glu.)

« Ce charmant dessin, tiré du cabinet de MM. Didot, est remarquable par la
« simplicité de la composition, l'expression naïve de la figure, et la vigueur de
« l'effet. »

Tome complémentaire, page 20. (Daphnis et Chloé.)

« Ce dessin fait partie de ceux que MM. Gérard, Girodet, Prud'hon, et au-
« tres artistes d'un mérite distingué, ont composés pour les magnifiques édi-
« tions de MM. Didot, et forme en productions modernes la plus agréable col-
« lection que nous puissions offrir à nos lecteurs. »

Tome complémentaire, page 67. (Phèdre.)

« M. Girodet est un des artistes dont les compositions savantes et toujours
« d'un style noble et pur, ont le plus contribué à l'ornement des magnifiques
« éditions de M. P. Didot aîné. »

Tome complémentaire, page 84. M. Landon, en décrivant un dessin de
M. Gérard, (Silène) cite des vers de M. F. Didot et ajoute :

« Nous avons cru faire plaisir à nos lecteurs, en citant ce fragment de la tra-
« duction des *Eglogues* de Virgile, par M. F. Didot. Elle unit souvent l'élé-
« gance à la fidélité, et présente des vers bien tournés et très-harmonieux. »

Tome complémentaire, page 102, planche 76. (Racine.)

« La gravure qui représente ce grand homme, conduit par son génie et par
« Melpomène à l'immortalité, forme le complément de celles dont M. Didot
« a enrichi son édition de Racine ; elle sert de frontispice à l'ouvrage. »

Voilà comment le contrefacteur s'est caché ; voilà comment le spoliateur s'est
exprimé ! On a vu le délit, en voici la peine.

Il convient de laisser parler ici M. Landon lui-même.

« Ainsi, dit-il, » (dans un excellent écrit intitulé *Réfutation*, etc., mis sous
les yeux de la Cour, qui est suppliée de le lire avec attention, et qui avoit déjà
été présenté aux premiers juges) « pendant trois ans qu'a duré la publication
« des tomes 14, 15, 16 et 17, qui contiennent deux cent cinquante-deux plan-
« ches, parmi lesquelles sont les soixante-douze réclamées par mon adversaire,
« je n'ai négligé aucune occasion de citer avec éloges M. P. Didot, et de faire
« valoir son honorable entreprise.

« Depuis trois ans, ces insertions étoient terminées, lorsque le 8 décembre
« 1811, une personne qui m'est inconnue (et j'étois loin de prévoir le coup
« que l'on méditoit contre moi) se présenta de la part de M. P. Didot, et me fit
« diverses interpellations. Mes réponses furent simples et franches comme ma
« conduite ; mais, étant à la veille de faire un voyage de quatre à cinq jours, je
« priai l'envoyé de M. Didot de lui dire qu'à mon retour mon premier soin se-
« roit de l'aller trouver, et de lui donner des explications qui ne lui laisseroient
« aucun doute sur ma loyauté et sur ma bonne foi.

« Je reviens le 13, je rentre dans ma maison ; j'y trouve M. P. Didot, que je
« voyois pour la première fois. Il étoit accompagné de deux magistrats, d'un
« greffier, etc. Depuis plusieurs heures la saisie des volumes étoit faite, le pro-
« cès-verbal dressé, il n'y manquoit que ma signature.

« Je passe tous les détails de cette scène que l'on aura peine à croire. A l'ap-
« pui de mes réponses, j'allègue les démarches de M. Girodet : M. P. Didot les
« nie. Je montre les lettres de cet artiste : M. P. Didot balbutie et dit qu'il l'avoit
« oublié. Ce n'est qu'après la saisie de mes planches, chez mon imprimeur, et
« dans un autre quartier que celui que j'habite, qu'enfin M. P. Didot se désiste
« d'une partie de sa plainte, en ce qui concerne les planches d'après M. Giro-
« det. Cette circonstance est digne de remarque, il les avoit comprises égale-
« ment dans la saisie.

« Ne doit-on pas conclure de tout ceci, 1.º que si les lettres de M. Girodet
« eussent été perdues, la saisie eût été maintenue sur la totalité de mes plan-

« ches, et que j'eusse été privé d'un moyen de justification qui jette un grand
« jour dans cette affaire.

« 2.º Que si la lettre de M. Rigault étoit retrouvée et produite aujourd'hui,
« M. P. Didot penseroit être quitte envers sa conscience et envers moi, en di-
« sant : Je l'avois oublié.

Cette saisie fut donc le premier procédé de M. Didot dans cette affaire.

M. Didot traduisit M. Landon devant le tribunal de Police Correctionnelle.

Il demanda, dans ses conclusions, qu'il plût au tribunal d'ordonner la confiscation, au profit du sieur Didot, des 72 planches et de l'exemplaire des
14, 15, 16 et 17.ᵉ volumes saisis ; condamner le sieur Landon, par corps, à
payer au sieur Didot 30,000 francs, le tout à titre de dommages et intérêts ;
lui faire défenses de récidiver ; ordonner que le jugement à intervenir soit
affiché au nombre de 500 exemplaires aux frais du sieur Landon, et le condamner aux dépens, sauf à M. le procureur impérial à prendre pour la vin-
dicte publique telles conclusions qu'il avisera.

Comme il est impossible que le premier soin des défenseurs dans un tel procès ne soit pas de savoir si tout a été tenté pour la conciliation, nous transcri-
rons encore ce que nous a répondu par écrit M. Landon quand nous lui avons
fait cette question.

« Nous nous sommes vus M. Pierre Didot et moi, et je lui ai fait deux pro-
« positions. »

PREMIÈRE PROPOSITION.

« Puisque vous avez, dis-je à M. Didot, l'intention de faire graver au trait
« à vos diverses suites de dessins pour accompagner des éditions de petit format,
« je vous offre gratuitement l'usage de tous mes cuivres, même de ceux sur
« lesquels vous convenez n'avoir rien à réclamer ; c'est vous épargner au moins
« 4,000 fr. de déboursés puisque vous n'aurez que les frais de papier et d'im-
« pression. Seulement vous ferez dessiner et graver à vos frais, et ce pour
« votre usage particulier, les planches qui manquent pour compléter les suites.
« Vous ferez imprimer mes planches à tel nombre qu'il vous plaira, soit en un
« seul tirage, soit à fur et mesure du besoin que vous en aurez : je ne me ré-
« serve que la faculté d'en tirer des épreuves, exclusivement pour mes *An-
« nales*, comme je l'ai fait jusqu'à ce jour ; et je vous donnerai sur cet objet
« telle garantie qu'il vous plaira de stipuler. »

Ce n'est rien pour moi. Telle fut la réponse de M. Didot.

DEUXIÈME PROPOSITION.

« Mes cuivres étant sous le scellé, je consens à vous les abandonner pour
« en jouir en toute propriété ; mais vous ordonnerez qu'il soit fait à mes frais un
« tirage de 250 ou 300 exemplaires pour terminer mon édition des *Annales*.
« Je ne demande pour dédommagement de cet abandon que le tiers de la

« valeur des planches ; j'allois ajouter : même payable non en argent, mais en
« ouvrages de votre fonds.

« M. Didot m'ayant représenté que cette proposition ne pouvoit lui convenir
« je lui dis : *que demandez-vous donc?* M. Didot répond : *je ne demande*
« *rien*, se lève et sort. On plaida le lendemain.

« Dans le plaidoyer, M. Billecoq a fait l'offre de renoncer aux planches et
« de les effacer si l'usage que j'en ai fait déplaisoit à M. Didot. Je ne voulois
« que la paix.

« Dans mes conclusions prises devant la cour j'ai renouvelé cette dernière
offre. »

Le 8 avril 1812, est intervenu le jugement suivant :

« Le tribunal, après en avoir délibéré conformément à la loi ; faisant droit,
« attendu que le trait d'une gravure, dans quelque proportion ou dimension
« qu'il soit gravé, suffit pour peindre aux yeux du spectateur la scène que la
« gravure représente, ses accessoires, le costume, les gestes, les attitudes des
« personnages : que dans le trait se trouve la composition, la pensée de l'artiste,
« que sans le trait il ne peut y avoir ni gravure ni dessin, qu'il en constitue les
« bases : que dès-lors le trait d'une gravure est une partie importante de cette
« même gravure ; qu'il y a délit de contrefaçon, quand une partie importante
« d'un ouvrage a été donnée au public par un tiers, sans le consentement ou
« l'aveu de l'auteur ou du propriétaire ;

« Attendu en fait que dans la cause il n'est pas dénié par Landon que dans
« les gravures au trait par lui publiées dans son ouvrage intitulé : *Annales du*
« *Musée et de l'école moderne des beaux-arts*, il se trouve quatre-vingt-
« deux gravures qui sont les gravures au trait de celles que Pierre Didot a pu-
« bliées pour les éditions de Racine, de Virgile, *Daphnis et Chloé*, de
« *Psyché* et de *Gentil-Bernard* et qui sont sa propriété ;

« Attendu que sur ces quatre-vingt-deux gravures Didot ne disconvient pas
« avoir donné à Landon, par l'entremise de Girodet, son consentement à ce que
« Landon fît graver au trait dix (1) de ces mêmes gravures, que dès-lors le
« nombre des gravures que Landon a reproduites dans son ouvrage précité par la
« gravure au trait, se monte seulement à soixante-douze, et que cette repro-
« duction a été faite sans le consentement et l'aveu de Didot, que dès-lors
« Landon est coupable du délit de contrefaçon prévu par la loi du vingt-quatre
« juillet mil sept cent quatre-vingt treize et par les articles quatre cent vingt-
« sept et quatre cent vingt neuf du Code pénal dont il a été donné lecture par
« le président ainsi que de l'article six du décret impérial du vingt-trois juillet
« mil huit cent dix et de l'article quatre de la loi du vingt-quatre juillet pré-
« citée, lesquels sont ainsi conçus :

Art. VI.

« Les cours et tribunaux appliqueront aux crimes et délits les peines pro-

---

(1) L'autorisation de M. Didot porte sur les dessins de M. Girodet. Ils sont au nombre
de 18. M. Landon n'a usé de cette autorisation que pour dix de ces dessins.

« noncées par les lois pénales existantes au moment où ils auront été commis ;
« néanmoins si la nature de la peine prononcée par le nouveau Code pénal étoit
« moins forte que celle par le Code actuel, les cours et tribunaux appliqueront
« les peines du nouveau Code.

Art. IV.

« Tout contrefacteur sera tenu de payer au véritable propriétaire une somme
« équivalente au prix de trois mille exemplaires de l'édition originale.

Art. CCCCXXVII.

« La peine contre le contrefacteur ou contre l'introducteur sera une amende
« de cent francs à deux mille francs au plus. La confiscation de l'édition con-
« trefaite sera prononcée tant contre le contrefacteur que contre l'introducteur
« et le débitant ; les planches, moules ou matrices des objets contrefaits seront
« aussi confisquées.

Art. CCCCXXIX.

« Dans les cas prévus par les articles quatre cent vingt-cinq, quatre cent
« vingt-six, quatre cent vingt-sept, quatre cent vingt-huit, le produit des
« confiscations sera remis au propriétaire pour l'indemniser d'autant du pré-
« judice qu'il aura souffert ; le surplus de son indemnité, s'il n'y a eu ni vente
« d'objets confisqués ni saisie de recette, sera réglé par les voies ordinaires. »

« Attendu que dès lors la peine prononcée par le Code Pénal est moins forte
« que celle prononcée par la loi de 1793 ;

« Le tribunal, aux termes des articles 427 et 429 du Code ci-dessus relaté,
« condamne Landon en 100 francs d'amende ; ordonne que les planches en
« cuivre des 72 gravures dont il s'agit, seront et demeureront confisquées défi-
« nitivement au profit de Didot ; ordonne également que les gravures desdites
« 72 planches tirées d'après la déclaration tant dudit Landon que de Lamou-
« reux, imprimeur en taille-douce, savoir : à sept cents exemplaires pour le
« dix-septième volume, et à douze cents exemplaires pour les quatorze, quinze
« et seizième volumes, seront et demeureront confisqués au profit dudit Didot ;
« ordonne que Landon sera tenu de les représenter, sinon le condamne à
« payer à Didot la somme de 2,500 francs, à laquelle le tribunal arbitre d'of-
« fice la valeur desdites gravures ;

« Et attendu que dans les planches en cuivre saisies à la requête de Didot
« sur Landon, il se trouve des planches de gravures autres que celles dont la
« confiscation a été prononcée, le tribunal fait main levée de la saisie faite des-
« dites planches ; autorise Landon à les retirer et à en faire faire la distinction ;

« En ce qui touche la demande en dommages intérêts de Didot, attendu
« qu'il paroît que c'est dans l'intérêt des arts que Landon a publié dans ses
« Annales les gravures dont s'agit, qu'il n'est pas établi au procès que Landon
« ait vendu séparément de sa collection complète aucune des 72 gravures ré-

« clamées par Didot, que dès lors il n'est pas résulté de cette contrefaçon
« un dommage considérable au préjudice de Didot et qui puisse être appré-
« cié, le tribunal met les parties hors de cause et condamne Landon aux dé-
« pens, au paiement desquelles condamnations ci-dessus prononcées, il sera
« contraignable par corps aux termes de l'article 52 du Code Pénal dont il a
« été donné lecture par le président et qui est ainsi conçu : L'exécution des
« condamnations à l'amende, aux restitutions, aux dommages intérêts et aux
« frais, pourra être poursuivie par la voix de la contrainte par corps. »

Voilà le jugement dont M. Didot est appelant, parce qu'il ne lui accorde que
2,500 au lieu de 30,000 francs, et dont M. Landon est appelant parce que son
honneur y est compromis, et parce que l'action la plus simple, la plus légitime
la plus permise y conserve les caractères d'une espèce de délit.

Cette courte discussion se divisera en 3 paragraphes.

1.° Ce que M. P. Didot reproche à M. Landon n'est ni un plagiat ni
une contrefaçon.

2.° M. Landon n'a point nui, n'a pas voulu, n'a pas pu nuire à M. P. Didot

3.° L'analyse du jugement dont est appel.

PARAGRAPHE 1.er

M. Landon n'est coupable ni de contrefaçon ni de plagiat.

Personne n'avoit moins que M. Landon besoin pour se défendre d'emprunter
le secours d'une plume étrangère.

Il a lui-même et lui seul plaidé sa cause par écrit devant les premiers
juges; et dans ces écrits courts, clairs et précis, on ne sait que louer davan-
tage de sa franchise et de sa loyauté quand il raconte les faits; de sa modération
quand il parle de son adversaire; de sa logique victorieuse quand il repousse la
plus absurde accusation; de son style élégant et facile quand il parle de son art,
et partout on retrouve l'honnête homme calomnié sans être aigri, et l'artiste
que les gens de lettres ne désavouent pas au milieu de leurs rangs.

Il mérite cependant un reproche et ce n'est certes pas celui d'avoir mal, mais
celui d'avoir trop défendu sa cause.

On remarque toujours dans ses mémoires ces inquiétudes de l'honneur, ces
scrupules de la délicatesse qui exagèrent le soin de la défense et qui veulent
opposer des apologies aux plus folles inculpations, des réponses aux reproches
sans fondement, aux accusations sans prétexte. Et malgré ce que mérite de
condescendance et d'égards cet extrême besoin d'irréprochabilité, nous avouons
que nous aurions supprimé cette première et inutile partie de notre discussion
s'il n'eût été aussi facile de démontrer jusqu'à l'évidence que M. Landon n'est
ni plagiaire, ni contrefacteur, qu'il le sera de prouver à ses juges qu'on ne peut
lui reprocher l'apparence d'un délit ni d'un tort judiciaire.

Qu'est-ce en effet que la contrefaçon? L'usage, l'expérience, les anciennes décisions administratives, le bon sens, la nature des choses, la langue, la loi, l'Académie; tout répond unanimement : « C'est un délit qui consiste à imiter « frauduleusement et obscurément un ouvrage quelconque, de manière à ce « que la copie puisse être prise pour l'original, et à ce qu'ainsi le propriétaire de « l'un puisse être dépouillé par l'usurpateur de l'autre. »

Voilà ce qu'on a toujours, uniquement, exclusivement entendu par la contrefaçon jusqu'à nos jours.

Mais il semble que la définition de la contrefaçon soit devenue l'objet de nos perfectionnemens modernes.

Dans le langage de l'humeur, de la haine, de la rivalité, de l'envie, ce mot a pris une toute autre acception, ou plutôt on a tout tenté pour le rejeter dans ce vague si ennemi des lois et si commode aux passions. Une hypothèse démontrera ce que nous avançons et ce que le scandale et l'obscurité de tant de procès dus à cette nouvelle invention ne rend peut-être pas indigne d'être mis sous les yeux de la Cour.

Qu'on suppose un ancien magistrat, chargé en France, avant la révolution, de la direction de la librairie, l'un des derniers qui s'est distingué dans cette place importante, M. de Néville, par exemple; qu'on le suppose absent de la France et même de l'Europe, depuis vingt-cinq ans, revenant tout à coup parmi nous et privé de toutes les notions intermédiaires contemporaines de la nouvelle découverte; n'ayant jamais entendu parler des procès de M. Michaud, de M. Prudhomme, de M. Deutu, de M. Malte-Brun, réduit par conséquent aux anciennes idées créatrices sur ce sujet, à ce qu'on peut appeler, en fait de contrefaçon, l'enfance de l'art. Si on lui rendoit compte du procès actuel,.... pourroit-il, nous le demandons en conscience, en concevoir l'idée? Ne s'écrieroit-il pas : « Mais de quoi parlez-vous donc? il s'agit donc d'une contrefaçon? « M. Landon a donc imité l'ouvrage de M. Didot, et voulu que son imitation « fût prise pour l'original : il s'agit d'une révélation de la police; on est donc « parvenu à saisir une édition furtivement introduite en France ou faite avec « mystère, à l'insu de tout le monde, avec ces précautions des délits qui se « cachent à Lyon, à Avignon, et M. Didot veut qu'on la confisque et qu'on lui « assigne des dommages et intérêts? »

On seroit forcé de lui répondre : rien de semblable : c'étoit comme cela de votre temps, maintenant il n'y a qu'une circonstance qui se retrouve, c'est la demande de la confiscation et de 30,000 fr. de dommages et intérêts; du reste tout est bien changé. A présent quand un homme veut contrefaire des gravures, il dépose ses contrefaçons dans un ouvrage annoncé à toute l'Europe; tout Paris lit sur sa porte en gros caractères le titre de son ouvrage; les premières lignes de chaque volume, espèce de préface, répétées sur le frontispice, annoncent à tous les artistes qu'on va graver leurs ouvrages; à tous les graveurs, qu'on va les contrefaire; presque tous les artistes et les graveurs s'en réjouissent; ils envoient leurs productions à celui qui a pris tant de soin pour leur indiquer sa demeure. Tout marche ainsi pendant dix à douze ans, à la satisfaction de tout le monde; les uns remercient, les autres demandent une prompte insertion; tous connoissent ce recueil périodique ; aucun ne s'en plaint ; l'entreprise prospère ; l'auteur qui a dit qu'il faisoit un journal et non des contrefaçons, et qui voit que tous les artistes sont de son avis, persiste et dans son plan et dans son opinion. Se croyant journaliste, il pourroit annoncer beaucoup d'ouvrages sans la permission des auteurs ; mais il y a des auteurs dont il veut parler avec une grande distinction ; bien sûr qu'ils seront contents de son extrait, et voulant se faire un mérite auprès d'eux des témoignages publics de son estime, il leur demande une autorisation spéciale pour les louer ; il traite avec les mêmes égards les propriétaires de quelques productions très-remarquables, à qui leur nom, leur célébrité méritée, la considération dont ils jouissent donnent des droits particuliers ; le journaliste reçoit pour une partie considérable de ces ouvrages qu'il veut annoncer, l'autorisation la plus obligeante et la plus formelle ; il est deux ans sans en user ; il demande avec la même délicatesse d'urbanité et de procédés une semblable autorisation pour d'autres parties des mêmes ouvrages ; il prouve qu'il l'a en effet sollicitée, puisqu'il est impossible que celui qui n'use pas de la permission qu'il a, en suppose une qu'il n'a pas ; fidèle à son plan, au besoin d'exprimer son admiration et son estime, il ne nomme celui avec qui il s'est si délicatement conduit, que pour louer avec excès et recommander à l'attention générale les magnifiques productions dont il fait l'extrait et multiplie les annonces ; il répète sans cesse et l'annonce et l'éloge pendant trois ans.... Eh bien, il faisoit une contrefaçon ; et celui qu'il a contrefait vingt, trente fois, puisqu'il l'a loué vingt et trente fois, vient saisir son recueil et demander contre lui 30,000 fr. de dommages et intérêts !

Voilà, diroit-on à ce magistrat bien surpris, ce qu'on appelle maintenant la contrefaçon.

Mais la Cour ne consacrera pas une pareille doctrine ; mais encore un coup M. Landon n'a eu dans ses propres défenses, que le tort de se livrer à des discussions trop minutieuses, à des distinctions trop abstraites, à de trop inutiles apologies, à trop d'explications sur la contrefaçon, sur les diverses espèces de plagiat...... Non, non. N'injurions pas notre législation, ne calomnions pas notre Code déjà immortel ; gardons-nous de croire qu'il faille avoir recours à ce qu'il y a de plus délié, de plus subtil dans la métaphysique des arts, pour constater les délits, pour en convaincre, ou pour en absoudre ; non, de tels piéges ne sont pas tendus par les lois aux consciences auxquelles il suffit d'être sincères, sans qu'elles soient condamnées à être si habiles ; non, comme nous le prouverons dans le paragraphe suivant, les magistrats n'appelleront pas un contrefacteur celui qui n'a ni pu ni voulu l'être.

Mais l'est-il même aux yeux de ses pairs ? est-il plagiaire ? peut-on lui faire à cet égard le moindre reproche ?

Qu'est-ce qu'a voulu faire M. Landon ? Son titre que nous avons transcrit, le dit complétement et franchement :

Des Annales de l'École Moderne des Beaux-Arts, ou un Recueil avec un texte explicatif de gravures au trait, etc.

Qu'est-ce que la gravure au trait?

La gravure au simple trait, c'est-à-dire sans ces teintes et ces demi-teintes qui figurent les ombres plus ou moins fortes, et qu'on appelle le clair-obscur, ne représente point la forme des objets solides, mais seulement leur figure, leurs contours extérieurs, tels qu'ils se dessinent dans l'espace, et que les représente l'ombre qu'ils projettent sur la terre, ou contre un mur; elle indique de même les traits principaux de la figure, en dedans du contour extérieur, sans exprimer leur épaisseur, leur saillie, ce qui ne peut se faire qu'à l'aide du clair-obscur, en imitant les effets de l'ombre, et des diverses modifications des reflets de lumière, qui seuls rendent le relief, la solidité des corps perceptibles au sens de la vue.

Le clair-obscur n'est donc pas moins nécessaire que le dessin des contours, pour compléter la représentation de tout objet solide; la gravure au simple trait est au dessin revêtu du clair-obscur, ce qu'en architecture un plan est à une élévation; ce qu'en peinture une simple silhouette est à un portrait terminé.

Et ces notions si simples, si faciles à saisir pour les hommes les plus étrangers aux arts, nous les retrouverons dans l'opinion unanime de tous ceux qui établissent en pareille matière les principes, les règles, et pour ainsi dire les lois.

Veut-on savoir quel est l'avis de ce critique ingénieux qui ne recommande pas moins, depuis dix ans, les articles qu'il consacre aux arts dans le journal où il est chargé de cette partie, par l'élégance de son style, que par l'urbanité de son ton, la justesse et la sagesse de ses jugemens que confirment toujours le goût des amateurs et le suffrage des artistes?

« Le dernier compte que j'ai rendu des *Annales*, dit-il, dans le *Journal*
« *de l'Empire*, du 5 février dernier a, me dit-on, fait pièce au procès entre
« MM. Didot et Landou. On a supposé que j'avois flatté ce dernier de l'espoir
« que sa prose sur des statues et des tableaux alloit se vendre pour des vers
« de Racine; et ses gravures au simple trait, pour les belles estampes des édi-
« tions de M. Didot, exécutées par de très-habiles graveurs, d'après les des-
« sins autographes de nos plus célèbres peintres. Certes, je n'ai point voulu
« dire cela : c'eût été de ma part une double sottise, puisqu'à mon sens, il n'y a
« guère plus de rapport entre les estampes qu'entre les textes des deux ouvrages.
« Je ne vois donc point ce qui a pu donner lieu à l'accusation de contrefaçon
« dont il est question; et je crois qu'en général, cette espèce de délit est fort
« difficile à établir, lorsqu'il s'agit de ces objets d'art auxquels le travail de la main
« a la plus grande part, et qui ne sauroient rien valoir que par le mérite de l'exé-
« cution.

« En matière de librairie, la contrefaçon est nécessairement semblable à l'ou-
« vrage primitif, ou plutôt c'est le même objet transporté d'un lieu dans un autre :
« l'œil clairvoyant et jaloux de l'auteur ne sauroit lui-même y apercevoir de dif-
« férence. L'usage de la contrefaçon est pour l'utilité ou l'agrément le même que
« celui du livre contrefait. Ce que la beauté des caractères et du papier y peut
« mettre de différence n'est point chose essentielle : tout l'œuvre de l'écrivain,
« invention et exécution, est également dans tous deux : rien n'empêche donc
« qu'ils aient cours l'un pour l'autre et avec même succès dans le commerce.

« Racine se lit tout aussi bien et plus commodément peut-être dans l'exemplaire
« pocheté de ma bibliothèque que dans le magnifique in-fol. de M. Didot. »

« Ainsi le contrefacteur d'un livre s'approprie sans dépense, sans travail le
« fruit des veilles de l'écrivain; et cela tout au préjudice de ce dernier. Je dis
« sans dépense et sans travail, car il ne s'agit pas de l'œuvre brute de l'impri-
« meur, semblable de part et d'autre, et qui n'est pas susceptible d'être enlevée,
« mais de l'œuvre du génie de l'écrivain, qui est l'essence du livre. »

« Il n'en est pas de même assurément de la contrefaçon, ou plutôt de l'imita-
« tion d'une gravure. Ici, le travail du copiste est à peu près égal à celui de l'au-
« teur premier. Ce n'est point le simple transport du même objet, mais la for-
« mation d'un objet nouveau plus ou moins semblable à un autre. Là, pour que
« la copie équivale à l'original, il faut qu'il y ait eu de la part des deux artistes
« même peine, même adresse, même emploi de temps; autrement l'une ne sau-
« roit jamais tenir lieu de l'autre, et circuler dans le commerce à son préjudice.
« A la vérité il ne faut pas tout à fait autant de talent pour dessiner d'après une
« estampe que d'après nature; et le copiste a emprunté l'idée et la disposition de
« son sujet. Mais cela suffit-il pour établir le délit de contrefaçon? L'idée, la
« disposition du sujet sont-elles dans une estampe la chose principale, le fond
« dont tout le reste doit suivre le sort? Nullement, surtout lorsqu'on le consi-
« dère sous le rapport mercantile. C'est la beauté de l'exécution seule qui déter-
« mine le prix d'une gravure. De deux estampes d'après le même tableau, l'une
« se vendra plusieurs louis, l'autre ne trouvera pas d'acheteurs, même pour
« quelques sous ! Jamais celle-ci ne tiendra lieu de la première. »

« Ces différences entre les productions de l'artiste et celles de l'imprimeur
« doivent peut-être se faire sentir aussi dans l'application de la loi sur la con-
« trefaçon. »

« Je suppose cependant qu'on n'admette point de distinction, et qu'il faille
« en user à l'égard du graveur comme envers l'imprimeur; la cause de
« M. Landon me sembleroit encore assez bonne. Ses gravures au simple trait,
« répandues dans un ouvrage de critique, s'assimilent d'elles-mêmes aux
« extraits qu'il a été de tout temps permis de publier dans les journaux; inter-
« rogez les connoisseurs, demandez surtout aux auteurs des dessins dont il
« s'agit : ils vous diront que les estampes négligemment dessinées, et essentiel-
« lement dénuées de clair-obscur des *Annales du Musée*, ne sont que des
« extraits fort succincts des ouvrages originaux, tout au plus l'exposé du plan et
« l'indication du genre de style : c'en est assez pour les rendre agréables, et
« même d'une certaine utilité aux artistes, mais non pour les placer dans le
« commerce en concurrence avec les originaux. Ces estampes, comme nos arti-
« cles de journaux, peuvent bien faire naître le désir de posséder l'ouvrage dont
« ils donnent une idée plus ou moins exacte, mais non pas le satisfaire. Jamais
« leur publication n'empêchera la vente d'un seul exemplaire de l'édition de
« Racine. Il y auroit bien quelque chose à perdre pour le public, mais rien à
« gagner pour M. Didot à la suppression des *Annales du Musée*. Ce n'est pas la
« peine, ce me semble, d'arrêter le cours d'un ouvrage que le public voit avec
« plaisir depuis déjà plusieurs années, et dont la seconde partie, dont je lui

« annonce le premier volume, ne paroît pas devoir lui être moins agréable
« que la première. »

Quoi de plus net, de plus clair, de plus judicieux! et quel juge à la fois
plus éclairé et plus impartial!

Je me trompe; on peut en trouver qu'on n'aura pas, comme celui-ci, de
prétextes pour récuser; on peut en trouver d'aussi éclairés, de plus impartiaux
encore : car il prend un imposant caractère d'impartialité, le jugement de celui
qui parle en quelque sorte dans sa propre cause ; quand la décision, fût-
elle erronée, est contraire à l'intérêt manifeste de celui qui la prononce.

« L'ouvrage de M. Landon, intitulé : *Annales du Musée*, est un
« journal où il rend, et où il doit nécessairement rendre compte de toutes
« les productions des beaux-arts qui sont exposées aux regards du public. A
« ce titre aucuns ouvrages n'y ont plus de droit que ceux de MM. Gérard,
« Girodet, Prud'hon, Gros, Chaudet, Lemot, Cartelier, Roland, etc. Ce
« compte, tel qu'il le présente, est aux arts ce qu'en littérature l'extrait d'un
« ouvrage est à l'ouvrage lui-même.

« Je déclare, en conséquence, que le simple trait d'un ouvrage d'art com-
« plet dans toutes ses parties ne peut pas constituer une contrefaçon.

« En foi de quoi, j'ai signé la présente déclaration. A Paris, le 3 avril 1812.

> *Signé*, BERVIC, graveur en taille-douce, membre
> de l'Institut.

Et qui s'exprime ainsi? est-ce un témoin récusable? est-ce un simple amateur? est-ce un ami complaisant de M. Landon? non, c'est un graveur célèbre; c'est le plus compétent des juges; c'est un artiste à qui la complaisance
pour les contrefacteurs est interdite par le soin de sa gloire et de sa fortune;
mais c'est un homme de bonne foi, qui ne peut refuser un témoignage d'accord avec le bon sens et avec sa conscience.

« M. Landon nous ayant consulté sur la question suivante:

« Les planches insérées dans les *Annales du Musée*, et faites d'après les
estampes qui ornent les éditions de Virgile, de Racine, et autres auteurs,
« publiées par M. P. Didot, doivent-elles être regardées comme des contre-
« façons ?

« Considérant que les planches gravées par M. Landon sont réduites d'en-
« viron les trois quarts de celles de M. Didot; qu'elles n'offrent que les sim-
« ples contours des figures avec leurs accessoires; qu'elles ne donnent aucune
« idée des effets du clair-obscur qui existent dans ces dernières, et qu'elles en
« diffèrent sur toutes les parties d'exécution;

« Notre opinion est que les planches de M. Landon ne doivent point être
« considérées comme des contrefaçons des estampes publiées par M. Didot.

« A Paris, ce 2 avril 1812.

« *Signé*, GOIS, professeur-recteur de l'Ecole des Beaux-Arts,
« F. LE COMTE, professeur-recteur de l'Ecole de peinture et
« sculpture, membre de l'Institut impérial. VINCENT, profes-

« seur des écoles spéciales de peinture et sculpture de Pari
« membre de l'Institut et de la légion d'honneur. REGNAULT
« chevalier de l'Empire, membre de l'Institut et de la légio
« d'honneur, professeur aux écoles spéciales impériales de
« beaux-arts. DUFOURNY, membre de l'Institut, professeu
« de l'École spéciale d'Architecture. MÉNAGEOT, professeu
« des écoles spéciales des beaux-arts, membre de l'Institut e
« de la légion d'honneur. F. LEMOT, professeur aux école
« spéciales des beaux-arts, membre de l'Institut impérial d
« France. Joachim LEBRETON, membre de la légion d'hon
« neur, secrétaire perpétuel de la classe des beaux-arts d
« l'Institut. Auguste DESNOYERS, graveur en taille-douce
« G. DE SAMBUCY, maître des cérémonies de la chapelle im
« périale, éditeur de la *Vie de Jésus Christ* (1). LEMONNIER
« peintre, ancien académicien, administrateur de la manufactur
« des Gobelins. MONSIAU, peintre, ancien académicien
« MOREAU, ancien académicien, et ancien dessinateur e
« graveur du cabinet du roi. C. VERNET, membre de la lé
« gion d'honneur, peintre du dépôt de la guerre. MEYNIER
« peintre d'histoire, ancien pensionnaire de l'académie de Franc
« à Rome. »

Quels noms! quels suffrages! quelles lumières! quel poids dans la balanc
de la justice!

« Contrefaire, c'est imiter.

« Des gravures au simple trait n'imiteront jamais un dessin qui a ses ombre
« et ses clairs; il n'y a donc pas, suivant moi, de contrefaçon là où le gra
« veur au trait n'a pu ni dû en imposer aux personnes les moins exercée
« dans les arts : voilà mon avis.

> « *Signé*, JOLY, administrateur-conservateur de la Bibliothèqu
> « impériale, département des estampes. »

« Je certifie que la presque totalité des dessins ou gravures des composi
« tions exécutées pour les grandes éditions de Racine, Virgile, etc., publiée
« par M. Didot, ont été exposées aux salons qui ont eu lieu depuis douz
« années.

« Je déclare que depuis que je suis secrétaire-général du Musée Napoléon
« aucun artiste n'est venu se plaindre que M. Landon ait fait un trait de s
« composition pour l'insérer dans ses Annales; et qu'au contraire il est à m
« connoissance que plusieurs ont sollicité cette faveur.

« Quoique je ne sois point appelé pour donner mon avis sur cette ques

---

(1) Très-bel ouvrage en deux volumes in-4°., orné d'un grand nombre de gravure
exécutées d'après les premiers artistes des anciennes écoles.

« tion : *M. Landon a-t-il contrefait les gravures publiées par M. Didot dans*
« *son édition de Racine et autres ?* je pense que les traits qu'il en a donnés
« ne doivent être considérés que comme un souvenir de ces compositions
« ingénieuses, et qu'ils ne sont nullement des contrefaçons. »

Signé, J. F. LAVALLÉE,
Secrétaire-général du Musée.

Quels noms manquent à cette honorable liste ? ceux-là seuls peut-être que
les procédés et les égards ont empêché M. Landon d'essayer d'y inscrire par
respect pour leurs rapports avec son adversaire.

Mais que manque-t-il à ce faisceau d'opinions, de suffrages, d'avis unanimes ? Ne semble-t-il pas que ces rédactions diverses et isolées rivalisent
entr'elles à qui exprimera mieux cette doctrine évidente et commune à tous
ces juges plus ou moins illustres, mais tous également compétens et irrécu-
sables ? A côté d'un nom que la gloire recommande, se trouve le nom d'un
dépositaire de la surveillance conservatrice et tutrice des propriétés des
arts.... L'administrateur comme l'artiste, le connoisseur comme l'homme qui
a dévoué sa vie à ces honorables professions, tous sont d'accord; nous osons
le dire devant ces magistrats souverains, dont l'autorité suprême permet
toute liberté à la défense qui ne peut jamais, sous leurs yeux, sortir des
bornes de la vérité et du respect.... oui, de telles décisions, si précises, si
unanimes, ne ressemblent pas à ces parères arrachés à la complaisance, et
souvent à l'ignorance, mais sont de véritables oracles en pareille matière, qui
doivent peser dans la souveraine balance autant que, lorsqu'il s'agit des procès
ordinaires, y pèse la réunion des lois, des actes et des arrêts.

Certes tous les scrupules de la délicatesse de M. Landon doivent être satis-
faits : il ne passera ni pour un plagiaire, ni pour un contrefacteur. Voilà son
nom protégé par des noms dont l'autorité ne sera méconnue ni par ses con-
temporains, ni par la postérité !

PARAGRAPHE II.

M. Landon n'a point nui, n'a pas voulu, n'a pas pu nuire à M. P. Didot.

Quelle question est vraiment soumise aux magistrats dans ce singulier
procès ? Nous l'avons déjà dit ; ils ne sont pas obligés de suivre une discussion
que des artistes rivaux établiroient bien plus convenablement au sein d'une
académie que dans le sanctuaire des lois. Aux yeux de la Cour, il s'agit de
savoir s'il y a un délit, si le sieur Landon a pu nuire, s'il a voulu nuire ; la
confiscation est une peine, l'amende est une peine, des dommages et intérêts
sont une peine ; 30,000 francs de dommages et intérêts sont une peine
énorme en pareille matière ; la peine ne peut être appliquée qu'au délit ; tout
ramène donc cette question ; Y a-t-il eu volonté, y a-t-il eu même possibi-
lité de nuire ?

Un délit ! juste ciel ! la volonté de nuire aperçue, découverte dans ce long récit des procédés, des attentions délicates, dans ce tableau fidèle de toute la conduite de M. Landon à l'égard de M. Didot !

Fut-on jamais réduit à établir une telle défense, à avoir besoin d'une semblable apologie ! eh ! que nous importe ce qui n'est pas au procès ! que nous importe cette lettre sur laquelle M. Landon consentiroit à s'en rapporter au témoignage de la conscience de chaque lecteur : cette lettre attestée, niée, cette lettre si vraisemblable, si évidemment écrite, on peut le dire, en quoi est-elle nécessaire ? ne suffit-il pas de celles qui sont produites au procès ? oui, elles suffisent pour démontrer qu'il n'y a pas eu délit, ni intention de nuire.

Et, en effet, quel est l'objet d'une plainte ? l'objet en particulier de celle du sieur P. Didot ? un dommage prétendu ; mais aussi, mais avant tout, un délit.... A quel titre, de quel droit, sous quel prétexte venoit-il lui-même faire une saisie chez M. Landon : parce que M. Landon avoit, soutenoit-il, commis un délit envers lui ; ce délit étoit une contrefaçon, et il y avoit contrefaçon parce que M. Landon avoit donné le *trait* des dessins dont il est propriétaire sans *son aveu* ; voilà bien le délit.

Tout-à-coup apparoît une lettre qui prouve qu'il y a eu un aveu, un consentement formel de M. Didot.... Est-il quelqu'un, en lisant dans le récit de cette partie des faits si fidèlement retracés par M. Landon, qui ne se soit écrié : Quoi ! M. Didot continue sa saisie ? quoi ! il n'est pas désarmé ? quoi ! ce ne sont pas des excuses qu'il prononce, des regrets qu'il exprime ? quoi ! quand le délit a disparu, quand l'intention si gratuitement supposée coupable ne peut plus passer pour telle, quand M. Didot voit que ce qu'il supposoit usurpé, il l'avoit permis ; il se contente de retrancher de la confiscation, ce qui ne peut plus y être compris : après être si complétement, si victorieusement condamné par un témoignage irrécusable, par le sien propre, quand la pureté des intentions de M. Landon est manifestée, M. Didot n'éteint pas, n'oublie pas, n'abjure pas, mais il restreint, il dirige, il limite sa vengeance, et au risque de voir sortir une autre lettre qui sauve aussi le reste de cet ouvrage, où son nom n'est jamais prononcé qu'environné d'éloges, c'est à confisquer un peu moins qu'il se borne !

Quelle révélation ne devoit pas apporter à la conscience de M. Didot, et n'apporte pas aujourd'hui à la conscience des juges, cette preuve non contestée que M. Landon, avant de songer à prendre le trait des dessins composant ses collections, lui avoit fait hommage de ce projet, et en avoit obtenu l'autorisation expresse,

A-t-il voulu nuire celui qui imprime à ses procédés le caractère d'une telle urbanité et d'une telle délicatesse ? a-t-il voulu nuire celui qui, n'usant pas du droit qu'on lui a donné, n'use de celui qui avoit manifestement demandé que pour ouvrir cette série d'extraits des collections-Didot, sous les auspices de l'éloge le plus flatteur et le plus délicat prodigué aux talens des deux frères !

Est-ce ainsi qu'on provoque, qu'on irrite, qu'on offense ? est-ce là le style d'un *contrefacteur* et *d'un spoliateur?* a-t-il voulu nuire celui qui appelle les regards de tous les amateurs *sur ces magnifiques éditions*, pour lesquelles vingt fois, en trois ans, il s'épuise à varier la forme de l'hommage et de la louange? a-t-il voulu nuire ce contrefacteur d'une espèce nouvelle qui obtient par la voie de l'échange et consigne dans une lettre la demande des originaux qu'il achetoit pour les contrefaire? Mais peut-on, dans une telle défense, craindre un autre reproche que celui de démontrer l'évidence, en s'attachant à réfuter de telles inculpations?

M. Landon, qui n'a si manifestement pas voulu nuire à M. P. Didot, l'a-t-il seulement pu? et y a-t-il rien de si chimérique que les calculs, les prétentions de son adversaire à cet égard?

Une inconcevable erreur semble avoir été amenée par la discussion des adversaires devant les premiers juges, et introduite dans leur sentence. On n'a cessé de dire *qu'enfin le sieur Landon avoit pris quelque chose au sieur Didot; qu'il y avoit reproduction des gravures de l'un dans les* Annales *de l'autre.* Une citation de la réponse de M. P. Didot réduit même ce système en termes clairs et précis, qui en démontrent mieux l'erreur, et en rendent la réfutation plus facile. « De même qu'il seroit déraisonnable de croire que pour « qu'il y eût contrefaçon d'un livre, il faudroit qu'il fût réimprimé textuel- « lement depuis la première ligne jusqu'à la dernière, sans variante et sans « transposition ; de même il seroit absurde de penser qu'un tableau ou qu'un « dessin ne peut être censé contrefait qu'autant qu'il sera la copie servile de « tous les traits, de toutes les ombres, de toutes les nuances diverses qui le « composent ; car si dans le premier cas, le plagiaire pouvoit toujours se pré- « parer une voie évasive par où il échapperoit à la loi, en opérant dans « l'ouvrage dérobé quelques légères modifications : l'imitateur pourroit, dans « le second cas, éluder également cette loi imprévoyante, en supprimant ou « ajoutant dans sa copie quelques figures secondaires, quelques détails insi- « gnifians. »

Il ne s'agit pour la contrefaçon, ou totale ou partielle, ni d'ôter ni de re- trancher une figure, ni de substituer l'idée, le plan, l'extrait, l'analyse au texte, soit de l'ouvrage, soit du tableau, soit de la gravure.

Poser ainsi la question, c'est vouloir se tromper à dessein ; c'est, encore un coup, abjurer toutes les idées reçues, entendre les mots dans un sens tout nouveau.

Il n'y a *contrefaçon* que là où il y a *identité.* On en est universellement convenu dans ces fameuses discussions, où tout a été dit pour et contre l'in- terprétation de ce vœu de la loi relatif aux contre-façons *totales* ou *partiel- les;* on s'est du moins entendu sur ce point, et là où il n'y avoit pas copie, personne n'a encore prétendu qu'il y eût, qu'il pût y avoir contrefaçon. Eh bien ! si dans tout Paris il se trouve quelqu'un qui, en ouvrant le *Virgile* de P. Didot et les *Annales du Musée,* dise qu'un *trait* de M. Landon est une *copie d'un dessin* de M. Gérard ou de M. Girodet, M. Landon consent à perdre son procès.

On a bien vu naguère, et la Cour a fait justice de cette absurde accusation, un procès en contre-façon où l'accusateur venoit dire : confisquez l'ouvrage rival du mien ; car dans deux mille pages on m'en a pris trente. Mais au moins on trouvoit ces trente pages ; on les exposoit en regard sou les yeux des magistrats. On ne montroit pas l'extrait, la ressemblance l'analyse, ce qui peut s'appeler aussi le *simple trait* de la prose ou des vers on montrait *identité* : et ici, que la Cour daigne regarder à côté de la magnifique gravure de M. Gérard (*Mélibée, Corydon*) la planche 93 de M. Landon, et certes le procès sera jugé, et il le sera doublement, soit qu'on compare ces deux objets si peu comparables, soit qu'on jette les yeux sur le texte qui accompagne cette même planche 43, et qu'on lise l'éloge le plus flatteur de MM. Didot, l'annonce la plus pompeuse de leur ouvrage, et l'appel à tous les amateurs que M. Landon invite à en orner leurs cabinets.

Il est vraisemblable que les progrès rapides de l'art d'accusation en contrefaçon ne s'arrêteront pas au point où nous en sommes.

Par exemple, malheur bientôt au journaliste qui faisant l'extrait d'un petit poëme de deux cents vers, en transcriroit cent un dans son extrait ; car, certes il aura pris une partie notable de l'ouvrage, plus de la moitié ; et voilà une contrefaçon partielle, ou on ne s'y connoît pas ; mais jusqu'à la plainte de M. Didot, on devoit croire que celui qui auroit dit du cheval : — C'est un animal utile, laborieux, infatigable, aimant la guerre, s'attachant à son maître, — ne seroit pas accusé de contrefaçon, ni soupçonné d'avoir volé à Buffon l'une des plus magnifiques pages de la langue française, et cependant il aura donné le *trait* de cette éloquente gravure.

Enfin, M. Landon a-t-il pu nuire à M. Didot ?

Il est déjà démontré jusqu'à l'évidence que personne n'a pu croire que le trait de l'un pourroit tenir lieu des gravures de l'autre.

Mais si quelque barbare, si quelque amateur comme les bibliomanes qui ne tiennent qu'aux reliures, avoit pu y être pris et vouloir substituer une collection à l'autre ; et, par exemple, si cet homme de goût avoit voulu orner un *Virgile* ou un *Racine* quelconque des *traits* de M. Landon, pour se persuader ensuite qu'il avoit le *Virgile* ou le *Racine* de M. Didot, voyons ce qu'auroit coûté cette heureuse, cette ingénieuse et si vraisemblable fantaisie ?

Le Théâtre de Racine (M. Landon n'a pas donné le trait de tous les dessins qui le composent), contient dans les Annales 54 planches ; l'amateur ne pourroit se les procurer (il est constant et constaté que M. Landon n'a jamais vendu ces planches séparées, et qu'il ne vend un volume isolé qu'à ceux qui sont présumés compléter leur collection d'Annales) qu'en achetant les quatre volumes où ces 54 planches sont toutes disséminées.

Les 54 planches, si on veut les estimer à part, peuvent valoir 12 ou 15 centimes pièce, 7 fr. 50 c.

Les quatre volumes coûteroient 87 fr. 50 c.

On conviendra que M. Landon pourroit encore offrir de perdre son procès dès qu'on aura découvert l'auteur d'une telle spéculation.

Voyons pour Virgile.

(23)

Le Virgile de M. Didot est orné de vingt-trois dessins ; M. Landon n'a publié que le trait de neuf. Ces neuf se trouvent dans les tomes 14 et 17 des Annales.

Ces neuf planches peuvent bien valoir 24 sols, et les deux volumes coûteroient 37 fr. 50 c.

On trouveroit le même calcul relativement aux cinq sujets de Psyché, pour 37 fr. 50 c. ; aux quatre des OEuvres de Bernard, 52 fr. 50 c. ; aux neuf de Daphnis et Chloé, 37 fr. 50 c. Ces dix-huit planches au trait valent environ 2 fr. Le souscripteur, propriétaire d'une collection complète d'Annales se résoudra encore moins à dépareiller une collection complète qui coûte 380 fr. pour en arracher quelques gravures qui n'ont de mérite que par leur liaison avec le texte explicatif.

C'est pour l'indemniser d'avoir couru un tel risque que M. P. Didot demande à la première Cour souveraine de l'Empire, 30,000 fr. de dommages et intérêts !

- La Cour pesera cette demande dans sa justice, et sans doute dédommagera M. P. Didot d'une manière quelconque, si après ce qu'on vient de lire, elle reste convaincue, contre l'opinion de l'école française presque toute entière, que M. Landon est un contrefacteur ; si malgré l'évidence des raisonnemens et des faits, il paroît que M. Landon ait voulu, ou seulement ait pu nuire à M. P. Didot.

PARAGRAPHE III.

Analyse du jugement de première instance.

Une première observation se présente à l'esprit après la lecture réfléchie du jugement des premiers juges.

Ce jugement prononce une peine.

Ce jugement cite l'article de la loi pénale qu'il applique.

Cette peine est grave ; c'est une confiscation et une amende, et elle établit l'existence d'un délit.

Que trouve-t-on cependant dans le considérant de ce même jugement dont la disposition pénale déclare et suppose M. Landon coupable ?

Le jugement dit :

« Attendu qu'il paroît que c'est dans l'intérêt des arts que Landon a publié « dans ses annales les gravures dont il s'agit ! » (Est-ce qu'une publication dans l'intérêt des arts expose à la confiscation ?)

« Attendu qu'il n'est pas établi au procès » (le contraire est constaté par les efforts même inutilement multipliés par M. Didot pour trouver des exemples de ces ventes des gravures isolées). « que Landon ait vendu séparément « de sa collection complète aucune des soixante-douze gravures réclamées « par Didot ; que dès lors il n'est pas résulté de cette *contrefaçon* » (M. Bervic, M. Desnoyers et M. Vincent, ne l'appellent pas ainsi.) « un dommage », (qui ne croiroit qu'il alloit sortir de l'évidence des faits et de la conscience éclairée des juges ce mot *quelconque*, un dommage quelconque!) — « considérable» — (mais lequel, par exemple, lequel pour motiver une confiscation, une amende et par conséquent une culpabilité, lequel dans l'intention lequel dans la volonté, lequel dans la vérité?) — « au préjudice de Didot et qui puisse être apprécié » — (Ainsi, d'après les propres paroles du jugement, M. Landon n'a rien publié que dans l'intention pure, noble, digne même d'encouragement de servir les arts, il n'a causé *aucun* dommage à Didot, *aucun qui puisse être apprécié*. Donc aucun — et la culpabilité est supposée et la peine est appliquée, et la confiscation est prononcée!)

Quelle lumière ne sort pas de l'article même de la loi cité dans le jugement qui le prend pour base! — La confiscation de l'édition contrefaite sera prononcée. (Juste ciel! voilà la loi d'après laquelle M. Landon est condamné la loi veut que l'édition contrefaite soit confisquée, et ainsi ces annales, ou 72 planches des annales sur 2,000, sont une édition contrefaite de M. Didot!)

Qu'est-il besoin pour ceux qui auront daigné lire avec quelque attention ce mémoire déjà trop long dans une cause si simple et si claire, de discuter le reste du jugement et d'en relever les erreurs? Erreurs bien naturelles et pour ainsi dire presque inévitables quand les dignes et savants interprètes des lois prononcent sur les arts sans l'avis des artistes?

« Attendu, dit encore le jugement, que le trait d'une gravure dans quel-
« que proportion ou dimension qu'il soit gravé, suffit pour peindre aux
« yeux du spectateur la scène que la gravure représente, les accessoires, le
« costume, les gestes, les attitudes des personnages. »

Il y a ici obscurité. Les juges ont voulu dire qu'un simple contour gravé au trait suffit pour peindre aux yeux du spectateur la scène que la gravure terminée représente.

M. Landon répond que de simples contours au trait ne peuvent *peindre* la scène, les accessoires, les costumes, les gestes, etc.; mais seulement indiquer sommairement la disposition des objets, les proportions du dessin, et, jusqu'à un certain point, le style de l'artiste. En effet, les objets ne se *peignent aux yeux* que par la réunion de tous les prestiges de l'art, les ombres, les lumières, les demi-teintes, le jeu du clair-obscur, les illusions de la perspective aérienne.

« Que dans le trait se trouve la composition, la pensée de l'artiste. »

Oui, sans doute, si l'artiste n'avoit eu d'autre intention que de composer un trait; mais il ne s'y trouve presque rien de la pensée de l'artiste qui a voulu composer un ouvrage terminé. Un ouvrage terminé, tel que celui dont il s'agiroit ici, se compose d'ombres et de lumières, d'oppositions de teintes, de combinaisons de masses et d'effets qui n'occupent pas moins l'imagination de l'artiste que la disposition générale. Ces parties sont indivisibles dans la composition d'un ouvrage de l'art, et comme je viens de le dire, le trait ne fait qu'indiquer la position relative des différens objets dont il n'est que la charpente et l'échafaudage.

Quant à la pensée de l'artiste, cette *pensée*, mot vague et indéterminé que l'on peut appliquer à toutes les productions du génie et transporter d'un art

a un autre art, celui qui la prendroit pour en faire son profit, et la repro-
duiroit comme lui étant propre, ne seroit que plagiaire et non contrefacteur.
La prise de la pensée ne constitue la contrefaçon que lorsqu'on la reproduit
sous la même forme, avec les mêmes procédés.

L'annaliste des arts, lorsqu'il indique à ses lecteurs la pensée du peintre ou
du sculpteur dont il veut citer les ouvrages, n'est pas même plagiaire, puisque tout l'honneur de cette pensée revient à son véritable auteur.

« Que sans le trait il ne peut y avoir ni gravure ni dessin; qu'il en cons-
« titue les bases.

« Que dès lors le trait d'une gravure est une partie importante de cette même
gravure. »

Peut-être il seroit plus exact de dire que dans un ouvrage terminé de
peinture ou de gravure, il n'y a pas de trait, mais que les formes sont déter-
minées par l'opposition des teintes, ou de l'ombre et de là lumière.

Un simple trait, de simples contours, tels qu'ils se trouvent dans les Annales,
ne font qu'indiquer les caractères et les proportions du dessin et ne donnent
pas le dessin. Car le dessin se compose de formes extérieures, et de formes intérieures; et les formes intérieures qui dans une figure quelconque sont en
beaucoup plus grand nombre que les formes extérieures, ne peuvent être
exprimées que par le concours des ombres et des demi-teintes.

Le trait, tel qu'il se trouve dans les Annales, n'est qu'un léger croquis des
formes; croquis supérieur, par la correction, aux tableaux médiocrement des-
sinés, fort inférieur à ceux qui brillent par la pureté du dessin, et toujours
nécessairement différent des compositions originales.

Mais lors même que ce trait, qui ne peut jamais opérer la *reproduction
exacte du dessin* de l'original, constitueroit ce qu'on appelle aujourd'hui
contrefaçon partielle, il y auroit encore à remarquer que les premiers juges
n'ont point fait attention que les dispositions de la loi, qui reconnoît et qui
punit la contrefaçon partielle, sont celles du nouveau Code, tandis que la
loi de juillet 1793, qui régit la cause, ne reconnoissoit et ne punissoit pas la
contrefaçon partielle.

Comment M. Didot peut-il persister dans une poursuite et par conséquent
dans une opinion qu'il ne partage avec personne? Nous l'avons pour ainsi
dire placé dans cette cause au milieu des avis de tous ceux qui le connoissent,
qu'il estime et qui l'honorent. De toutes ces voix illustres, et toujours irré-
cusables, laquelle s'élève pour son système? l'estimable partialité de ses amis
ne va pas plus loin en sa faveur que le silence; tous ceux qui parlent lui disent
que rien ne peut consoler du malheur d'avoir intenté un pareil procès, pas
même le malheur de le gagner.

Heureux ceux qui, comme lui, se sont pour ainsi dire assurés d'avance
l'impunité et l'oubli de ces injustices, de ces erreurs, de ces torts auxquels
il opposera toujours avec succès les souvenirs de sa vie et les suffrages unanimes de l'estime et de la considération publique! Erreurs et injustices, au
reste, plus excusables encore chez ceux qui, consacrant leur vie à cette brillante

illusion des talens et des arts, trouvent tout à la fois le principe de ce qui les absout et de ce qui les rend célèbres, dans cette sensibilité trop vive, source commune des succès et des torts, de l'humeur et de la gloire!

Quelle sera l'issue de ce procès? tout porte à le croire : l'arrêt de la justice suprême infirmera cette sentence des premiers juges qui porte sur des erreurs matérielles, qui d'ailleurs s'infirme, se combat et se détruit elle-même ; l'arrêt de la Cour confirmera cet autre jugement soumis à sa sagesse et prononcé par des artistes que la France et l'Europe reconnoissent pour juges dans les questions qui leur étoient proposées ; enfin, l'arrêt de la Cour ratifiera encore un autre jugement, émané d'un Tribunal bien respectable aussi, la conscience d'un honnête homme qui a démontré par toute sa conduite qu'il n'a pas eu l'intention de nuire, comme ses *pairs* dans les arts ont attesté qu'il n'étoit pas un contrefacteur.

Signé, LANDON.

M. LEGRIS, substitut de M. le Procureur impérial.

M.e ROUX-LABORIE, avocat.

M.e BILLECOCQ, avocat plaidant.

M.e DESCHAMPS, avoué.

De l'Imprimerie d'A. ÉGRON, Imprimeur du Tribunal de Commerce, rue des Noyers, n.° 49.